Messias

Jörg Röske

Messias

Roman

Satz und Bildmaterial: Jörg Röske

Verlag: epubli

Prolog

Geschrieben ist dieser Roman in Ehrfurcht vor dem Messias, Jesus Christus, mit dem ich tagaus und tagein lebe.

Der Autor

1

„Und warum hast du mich verraten?“

„Des Geldes wegen.“

„Ich hätte dir vergeben.“

„Ach, ich wollte mich erhängen.“

„Warum?“

„Ich hing sowieso immer nur herum.“

„Du mochtest es nicht, was ich sagte?“

„Das war doch kein Leben. Immer auf der Straße, immer von anderen abhängig sein.“

„Du wolltest die Sicherheit?“

„Jeder Mensch will die Sicherheit.“

„Und Ansehen?“

„Na ja, wer sah uns schon an? Uns zwölf?“

2

„Vater, die Menschen mögen mich nicht."

„Das wusstest du von Anfang an."

„Aber ich hatte nicht gewusst, dass sich das so krass anfühlt."

„Die Menschen sind so. Selbst die Oberen deines Volkes wollen dich nicht."

„Sie hatten etwas anderes erwartet."

„Die Menschen erwarten immer irgendetwas Besonderes. Sie wollen einen Helden. Es dürstet sie nach großen Worten."

„Und dann kommt einer mit leisen und liebenden Worten."

„Es tut mir leid, mein Sohn. Es ist nicht deine Zeit."

„Es ist nicht die Zeit für die Stille, nicht die Zeit der Einkehr, nicht die Zeit der Besinnung, nicht die Zeit der Sanftheit."

„Die Menschen wollen Getöse."

„Sie wissen nicht, was sie wollen."

3

„Du bist jetzt gestorben. Was sagst du?“

„So was habe ich noch nie erlebt.“

„Wie fühlt es sich an?“

„Oh Vater, ich habe es geschafft.“

„Das war auf Messers Schneide.“

„Ja, das war es.“

„Das Böse ist übermächtig. Du hast Blut und Wasser geschwitzt.“

„Ich war zuvor noch nie ein Mensch gewesen. Sagen wir so, in Anbetracht der bald aufkommenden Christenheit, es war die Hölle.“

„Das glaube ich dir, mein Sohn. Ich habe gesehen, wie du gelitten hast.“

„Man verhörte mich, man bezichtigte mich der Gotteslästerung, man schlug mich, man heftete mich ans Kreuz.“

„Die Menschen sind so. Du warst in einem Stall, keine Herberge hatte dich aufgenommen."

„Warum sind die Menschen so?"

„Sie haben vergessen, woher sie kommen."

„Aber da ist einer."

„Wer?"

„Du weißt, Papa."

„Du meinst den Schriftsteller?"

„Genau den. Er liebt mich."

„Das ist gut. Was hast du vor?"

„Ich werde ihm begegnen."

4

Ich ging zur Arbeit. Ich unterrichtete Kunst, und abends schrieb ich an meinen Romanen. Ich hatte schon viele meiner Arbeiten veröffentlicht und herein kamen immer nur Kleckerbeträge ob meines Geschreibsels. Und wenn ich zu einer bestimmten Schule ging, ich unterrichtete Kunst an Grundschulen, da saß vor der Sparkasse immer einer, der um eine Gabe bat. Ich gab ihm mal ein Brötchen, oder es war ein Brot, ich weiß nicht mehr. Ansonsten Geld. Eines Tages sprach er mich an.

„Warum tust du das?", fragte er mich.

„Warum tue ich was?", fragte ich.

„Dass du mir immer etwas gibst."

„Ich folge meinem Herzen."

„Weißt du, wer ich bin?"

„Nein, ich kenne deinen Namen nicht."

„Ich bin *Jesus*."

„Jesus von Nazareth?"

„Ja, der bin ich."

„Ups."

„Ups?"

„Ich rede immer mit dir, und jetzt begegne ich dir?"

„Warum nicht? Du wolltest mich doch schon immer mal treffen."

„Ich weiß nicht, was ich sagen soll."

„Sei ganz natürlich, sei ganz normal."

„Du bist der Sohn Gottes, ich habe Ehrfurcht vor dir."

„Ich weiß, deswegen redest du täglich mit mir."

„Du bist das Zentrum der Menschen, dass Zentrum meines Lebens, und jetzt bist du vor mir?"

„Hebe mich nicht zu hoch, mir könnte schwindelig werden."

Ich lachte.

„Du hast ein erfrischendes Lachen."

„Oh, danke."

„Du bist ein lieber Kerl."

„Du willst etwas von mir."

„Nein, diese Aussage steht ganz neutral im Raum."

„Du willst, dass ich über dich schreibe?"

„Das wäre meine nächste Frage gewesen."

„Ich habe schon einen Roman über dich geschrieben."

„Schreibst du noch einen über mich?"

„Geht klar."

„Da sagst du einfach *ja*?"

„Du kennst mich. Ich habe immer wieder gesagt, dass ich unsere Abmachung einhalte."

„Ja, ich weiß. Auf dich kann ich mich verlassen."

5

„Du wirst nicht zu mir stehen."

„Bitte, was?"

„Ich sagte *du wirst nicht zu mir stehen.*"

„Doch."

„Du sagst *doch*?"

„Ich werde immer zu dir stehen."

„Ehe der Hahn kräht, wirst du mich drei Mal leugnen."

„Wie kommst du nur darauf? Das wird niemals so sein."

„Du wirst in eine schwerwiegende Situation kommen, da wird dich dein Glaube verlassen."

„Das glaube ich jetzt nun wirklich nicht."

„Warst du schon mal in einer schwerwiegenden Situation?"

Petrus sann nach. Er erinnerte sich an den See Genezareth.

Und der Sohn wurde verhaftet. Petrus streifte umher.

„Du gehörst doch auch zu diesem Umstürzler!"

„Bitte, was?"

„Ich habe dich gesehen."

„Was denn für ein Umstürzler?"

„Na, der durch die Lande zog und Unruhe brachte. Jetzt ist er, Gott sei dank, in Gewahrsam."

Petrus war klar, wer gemeint war. Und er bekam Angst. Eine große Angst. Er wollte nicht auch verhaftet werden. Denn die Römer waren da, hatten ihr Gebiet besetzt, und sie waren die Staatsmacht. Gegen die hatte er keine Chance.

„Ähm, du irrst dich."

„Ich irre mich?"

„Ich..., ich gehöre nicht zu diesem Umstürzler."

Noch zwei Mal führte Petrus vergleichbare Gespräche. Und jedes Mal hatte er mit dem Unbequemen nichts zu tun. Da krähte der Hahn, und Petrus erinnerte sich an das, was sein bester Freund gesagt hatte. Stopp.

„Hallo, Petrus.", sagte ich.

„Wer bist du?"

„Ich bin ein Schriftsteller."

„Wo bin ich hier überhaupt?"

„Es ist ein neutraler Raum, jenseits der Zeit."

„Bist du ein Magier?"

„Ganz bestimmt nicht. Ich bin Schriftsteller, das bedeutet, ich kann mir Dinge vorstellen. Sagen wir so, du befindest dich gerade in der Welt meiner persönlichen Vorstellungen."

„Was willst du von mir?“

„Er hat mich gebeten, noch einen Roman über ihn zu schreiben. Ich möchte dich dazu interviewen.“

„Wer hat dich gebeten?“

„Na, wer wohl?“

„Du meinst doch nicht etwa ihn?“

„Doch, genau ihn.“

„Du kennst ihn?“

„Ich rede täglich mit ihm.“

„Oh.“

„Wieso hattest du...?“

„Warte bitte.“

„Ja?“

„Was ist ein Schriftsteller?“

„Ein Schriftsteller schreibt Bücher.“

„Ach, du bist ein Gelehrter?“

„Ein wenig, ich hatte früher studiert.“

„Bist du ein Schriftgelehrter?“

„Vielleicht noch eins. Wir befinden uns ungefähr 2000 Jahre in der Zukunft.“

Petrus schaute mich an, als sei ich ein Honigkuchenpferd.

„So viel Zeit ist seitdem vergangen?“

„Ja, und es ist eine ganze Menge geschehen.“

„Und was?“

„Das kann ich nicht in zwei Sätzen sagen. Nur so viel, es nichts Gutes passiert. Das stimmt auch nicht so ganz, es geschieht immer Gutes und Böses. Aber was ihn betrifft, so ist Schlimmes passiert.“

„Erzähle mir das bitte, Schriftgelehrter.“

„Ich bin kein Schriftgelehrter, ich bin Schriftsteller.“

„Okay, ich werde mich an dieses Wort gewöhnen. Sage mir deinen Namen.“

„Ich heiße *Georgias*.“

„Bist du ein Grieche?“

„Nein, ich habe nur einen griechischen Namen.“

„Zu welchem Volk gehörst du dann?“

„Nach deinen Worten gehöre ich zu den Germanen.“

„Von denen habe ich gehört, ein wildes Volk.“

„Da sagst du was. Und das haben die Nachfahren der Germanen auch kräftig bewiesen.“

„Bist du auch so ein Wilder?“

„Nein, sonst würde ich hier mit einer Axt oder einem Maschinengewehr sitzen. Meine Waffe ist das Wort.“

„Was ist ein Maschinengewehr?“

„Nicht der Erwähnung wert, es ist eine überaus üble Waffe.“

„Okay. Erzähle mir das, was ihn betrifft.“

„Nach seinem Tod wuchs seine Gemeinde. Sie wurde verfolgt, man tötete viel von ihnen. Aber dann wurde das Christentum Staatsreligion, das bedeutet, sie war offiziell."

„Wie schön."

„Nein, nicht schön. Der Ruhetag wurde auf den Sonntag verlegt. Und es gab den Bischof von Rom. Das römische Weltreich war inzwischen untergegangen. Alles formierte sich neu. Der Bischof von Rom erhielt eine große Macht. In seinem Namen wurden Kriege geführt, in seinem Namen wurde getötet. Den Bischof von Rom nennt man *Papst*. Seine Macht damals beruhte auf Waffengewalt und religiöse Einschüchterung. Im weiteren Verlauf der Geschichte entfiel das mit der Waffengewalt, aber die Gewissensmacht hat er immer noch."

„Was möchtest du von mir wissen?"

„Wieso hattest du drei Mal nicht zu ihm gestanden?"

„Wegen eben dieser Macht.“

6

„Hallo Johannes.“, sagte ich.

„Wer bist du?“, fragte Johannes.

„Wieso kriege ich immer die gleiche Frage gestellt?“

„Vielleicht, weil man dich nicht kennt?“

„Okay, ich bin ein Schriftsteller, und ich heiße *Georgias*.“

„Du bist ein Grieche? Und wo bin ich hier überhaupt?“

„In dem Raum meiner Vorstellung. Und ich bin ein Nachfahre der Germanen.“

„Habe ich von gehört, wilde Leute.“

„Du hast Recht, sie haben sich bis in die Neuzeit hinein nicht gebessert.“

„Woher weißt du das?“

„Ich komme aus der Neuzeit.“

„Dann hast du ja viele meiner Visionen erfüllt gesehen?“

„Ja, habe ich."

„Und da ich hier bei dir bin, nehme ich an, er ist noch nicht wiedergekommen?"

„Nein, ist er noch nicht."

„Du weißt, von wem ich rede?"

„Ja, und er hat mich um etwas gebeten."

„Worum hat er dich gebeten?"

„Dass ich noch ein Buch über ihn schreibe."

„Verstehe. Er möchte, dass alle Welt von ihm erfährt."

„Genau."

„Und welche Rolle soll ich nun spielen?"

„Ich weiß es nicht. Du fielst mir ein, Johannes. Immerhin hast du die Offenbarung geschrieben."

„Das war ein Ding, das sage ich dir. Ich habe Sachen gesehen, die gibt es nicht. Wenn der Herr einem Dinge zeigt, dann kann man es schon mit der Angst zu tun bekommen."

„Das glaube ich dir."

„Bist du auch ein Prophet?"

„Ich wünschte, es wäre so. Aber es ist nicht so. Allerdings kann ich bestimmte Dinge voraus spüren."

„Interessant."

„Jedoch sind es nicht solche gigantischen Szenarien, die du gesehen hast."

„Was hast du vorher gespürt?"

„Ich spürte, dass im Jahr 1986 etwas passieren wird. Ich dachte, ein Weltuntergang. Vielleicht seine Wiederkunft.

„Und was ist geschehen?"

„Der Supergau in Tschernobyl."

„Im Jahre 1986?"

„Ja."

„Erkläre mir *Supergau* und *Tschernobyl*."

„Man hat in der Neuzeit eine Technik erfunden, womit man Strom erzeugen kann. Strom bedeutet nichts anderes, als eine Form von Energie. Wie zum Beispiel Feuer. Nur den Strom kann man nicht sehen, er fließt durch Kabel. Das sind eine Art Seile."

„Interessant, was es alles gibt."

„Die Technik heißt *Atomenergie*. Es werden Atome gespalten, es kommt Energie frei, und man hat Strom. Die Häuser, in denen diese Atomenergie hergestellt wird, heißen Atomkraftwerk. Es gibt viele davon. Eines in der Nähe der Stadt *Tschernobyl* im Osten hatte eine Panne. Es gab Explosionen, es ging einiges zu Bruch, und die Umgebung wurde heftig verstrahlt. Diese Strahlung ist unsichtbar und tödlich. Man nennt so eine Katastrophe *Supergau*."

„Das habe ich verstanden. Dann war es ja eine Art Weltuntergang, den du vorher gespürt hast."

„In gewisser Weise ja."

„Hast du noch mehr solche Vorempfindungen?“

„Ja.“

„Okay. Ich finde gut, dass du dich mit mir unterhälst. Ich denke, es hat seinen besonderen Sinn, dass er dich gebeten hat, ein weiteres Buch über ihn zu schreiben.“

„Welcher ist dieser besondere Sinn?“

„Folge dem Buch, alles weitere macht er.“

„Dann höre ich auf deinen Rat, Prophet.“

7

Man warf mich über Bord.

„Hey, ich bin nicht *Jona*! Ich bin *Georgias*!"

„Wegen dir haben wir den Sturm! Weg mit dir!"

Ich wusste nicht, wie ich auf dieses Schiff gekommen war. Ich schrieb an meinem Manuskript, und im nächsten Moment war ich auf diesem Segler. Dann kam ein Sturm, und man warf mich über Bord. Ich war im Wasser, die Wellen waren hoch.

„Ich glaube das nicht.", sagte ich zu mir.

Dann sah ich einen Schatten, und alles ging sehr schnell. Irgendwie flutschte ich in irgendwas hinein. Und da, wo ich landete, war es glitschig und feucht und dunkel.

„Nein, nicht diese Story auch mit mir.", dachte ich nur.

Glücklicherweise hatte das Unterwassertier mich nicht gebissen, sondern am ganzen Stück herunter geschluckt. Aber in dem Magen des Viehes war es wirklich eng. Ich sprach mit ihm.

„Okay, Jona die zweite oder was?"

„Was zeterst du? Du bist doch noch am Stück."

„Und die Magensäure?"

„Du weißt doch, wie die Geschichte ausgehen wird."

„Stimmt auch wieder. Und warum ich?"

„Ja, warum wohl?"

„Weil ich immer wieder den Deal mit dir bekräftige?"

„Kluger Kopf."

„Aber es ist hier eng und glitschig und dunkel."

„Kriegst du das hin?"

„Ja, Sir."

„Du sollst mich nicht *Sir* nennen."

„'Tschuldigung."

„Nicht schlimm. Und, ist dir kalt?"

„Das ist das Gute an den Unterwassertieren, die haben ihre Körperwärme."

„Das ist ein Wal."

„Oh, ein Wal."

„Ja, und zwar ein Bartenwal."

„Hat der einen Bart?"

„Wie ich sehe, hast du deinen Humor nicht verloren."

„Kriege ich noch ein Käsebrot?"

„Lass das."

„Wieso?"

„Sonst lachen hier wieder alle."

„Die himmlische Familie?"

„Sie mögen deine Witze."

„Sage ihnen liebe Grüße."

„Sie hören mit."

„Okay, liebe Grüße an alle."

Da hörte ich ein freudiges Lachen, meine Grüße waren angekommen. Dann schlief ich ein.

8

Als ich wieder erwachte, war ich an einem Strand. Ich erinnerte mich an alles. Und mir wurde klar, der Bartenwal war mein Rettungsboot gewesen. Möglicherweise zwischendurch auch Rettung-U-Boot. Ich erhob mich, schaute zum Meer, sah keinen einzigen Wal und rief aber noch *danke*.

„Schade, er hat mich nicht gehört.", sagte ich.

„Doch, er hat dich gehört.", sagte er in mir.

„Er hat mich gehört?"

„Er ist nicht taub."

„Okay. Und jetzt nach Ninive?"

„Ninive gibt es nicht mehr."

„Okay, dann nach Babylon?"

„Babylon gibt es auch nicht mehr."

„Du weißt, was ich meine, Chef."

„*Chef* ist notfalls akzeptabel."

„Was wäre dir lieber?"

„Das, was du magst."

„Okay, dann sage ich *Adonai* oder *Elohim*."

„Entscheide dich."

„Du weißt, was ich meine, Adonai."

„Du hast dich entschieden. Und ich weiß, was du mit Babylon meinst."

„Soll ich mich jetzt auf den Marktplatz hinstellen und allen erzählen, sie sollen Buße machen?"

Es kam keine Antwort.

„Du sagst nichts."

Keine Antwort.

„Okay. Ich habe verstanden, wenn du nichts sagst, dann weiß ich die Lösung schon."

„Kluger Kopf."

„Du hast wieder mit mir geredet!“

„Und du hast verstanden.“

9

„Du bist doch auch einer von denen!"

Ich war nicht Petrus, sondern Georgias. Und mir wurde klar, dass er wieder etwas mit mir machte.

„Ja, ich bin einer von denen.", sagte ich.

Da eilte die Frau hinweg, und es kamen bald römische Legionäre, zusammen mit der Frau. Sie wies auf mich.

„Er gehört zu dem Umstürzler!"

Komischerweise hatte ich keine Angst.

„Weißt du, warum du keine Angst hast?", fragte er mich.

„Weil ich mich entschieden habe?"

„Kluger Kopf."

Das Einschlagen der Nägel durch meine Hände nahm ich wahr. Aber es fühlte sich nicht wirklich schlimm an. Als sie dann aber das Kreuz aufrichteten, und mein

Körpergewicht an den geschlagenen Wunden in meinen Händen zerrte, da begann es, weh zu tun. Das war nicht das Einzige, ich verblutete allmählich. Ich fragte mich, wer diese sadistische Hinrichtungsart erfunden hatte. Hinzu kam, dass die geschlagenen Wunden unter meinem Gewicht rissen. Irgendwann verkraftete mein Körper diese Tortur nicht mehr und starb. Im nächsten Moment war ich wieder vor meinem PC mit der geöffneten Datei des Romans.

„War ich jetzt wirklich an dem Kreuz?“, fragte ich ihn.

„In deiner Vorstellung warst du da.“, sagte er.

„Fühlte sich real an.“

„Du hast eben eine starke Vorstellungskraft.“

10

Ich war in Babylon auf dem Marktplatz. Der war riesig, denn Babylon war riesig. Ich begann zu reden.

„Warum hetzt ihr? Wem folgt ihr? Was tut ihr?“, sagte ich, aber in Zimmerlautstärke.

Denn eigentlich war Babylon nur ein Zimmer, in dem sich meine Familie befand.

„Was sagst du da, Mann?“, fragte ein kleines Mädchen.

„Ich möchte die Menschen zum Nachdenken über ihr Tun anregen.“, sagte ich.

„Die Erwachsenen sind komisch.“

„Was meinst du?“

„Die spielen nie mit mir.“

„Das tut mir leid.“

„Spielst du mit mir?“

„Ja.“

Ich setzte mich auf den Boden des Platzes und auch das Mädchen. Sie hatte ihren Rucksack dabei, und darin waren einige ihrer Spielsachen. Wir spielten. Das war mein augenscheinlicher Fehler gewesen, denn es gab Leute, die gesellten sich dazu. Irgendwann kamen Uniformierte, die nahmen uns in Gewahrsam.

„Was werfen Sie uns vor?“, fragte ich.

„Sie spielen auf dem Marktplatz von Babylon. Das ist unstatthaft. Das untergräbt die Moral der arbeitenden Bevölkerung.“

„Ich arbeite auch.“

„Was arbeiten Sie denn?“

„Ich schreibe an einem Roman.“

„Das soll Arbeit sein? Ich sehe schon, Sie sind der Rädelsführer. Kommen Sie mal mit.“

Das kleine Mädchen verlor ich aus den Augen. Es gab viel Tumult, die Spielenden wurden alle verhaftet. Ich sorgte mich um das kleine Mädchen, und ich gab mir selbst das Wort, sie wiederzufinden. Dann war ich im Gefängnis.

„Babylon hat nicht gehört.“, sagte ich zu ihm.

„Mit wem sprichst du?“, fragte ein Mitgefangener.

„Mit ihm.“

„Wer soll das sein?“

„Er spricht auch mit dir.“

„Ich habe noch nie etwas von jemandem gehört. Bist du nicht dieser Typ, der auf dem Marktplatz mit den Leuten gespielt hat?“

„Ja, der bin ich.“

„Das war verwegen.“

„Es hat die Leute entspannt.“

„Was bist du für einer?“

„Was bist du für einer?“

„Ich? Ich weiß nicht, wer ich bin.“

„Warum weißt du das nicht?“

„Weißt du, ich bin auf die Welt gekommen, bin zur Schule gegangen, und dann hieß es, ich muss arbeiten gehen. Das tat ich, tagaus und tagein. Und dann bin ich explodiert.“

„Was hast du gemacht?“

„Ich habe meinen Chef umgebracht.“

„Deswegen sitzt du ein?“

„Ja.“

„Töten ist keine Lösung.“

„Das habe ich mittlerweile begriffen.“

„Na gut, dann gehen wir.“

„Was meinst du?“

„Ich muss ein kleines Mädchen suchen, und ich habe nicht vor, in diesem Gefängnis zu versauern.“

„Ich weiß nicht, ob du es weißt, da gibt es eine Tür aus Stahl.“

„Schaue mal, sie ist offen.“

11

Der Mörder und ich verließen unbehelligt das Gefängnis. Wir waren draußen, in den Straßen von Babylon.

„Ich verstehe es nicht.", sagte der Mörder.

„Was verstehst du nicht?"

„Wieso war die Tür auf? Wieso konnten wir an der Wärtern einfach so vorbei gehen?"

„Man hat mit dir noch was vor."

„Und was?"

„Das weißt nur du."

„Und wie soll ich das wissen?"

„Höre in dich hinein."

„Ach, diese Stimme in mir?"

„Ja."

„Okay. Sie sagt, ich muss jetzt hier abbiegen."

„Okay. Hat mich gefreut, Freund."

„Wer bist du?"

„Mein Name ist *Georgias*."

„Georgias, ich bete zum Himmel, dass ich dich mal wiedersehen werde."

„Wie ist dein Name?"

„Barabbas."

12

Ich ging durch die Straßen von Babylon. Diese riesige Stadt war nicht so wie andere Städte. Sie besaß Häuserschluchten, in denen Schiffe ihr tägliches Einerlei verrichteten. Diese Häuserschluchten waren tief, so dass man sich in ihnen verlieren konnte. Hinter einer Kiste vernahm ich ein Schluchzen. Ich wählte meinen Weg zu dieser Kiste und schaute dahinter. Da sah ich das kleine Mädchen. Ich war froh. Sie bemerkte mich nicht. Ich ging zu ihr hin, und setzte mich neben sie. Irgendwann begann sie zu reden.

„Du warst weg.“, sagte sie schon fast vorwurfsvoll.

„Man hatte mich verhaftet und ins Gefängnis gesperrt.“

„Wie bist du herausgekommen?“

„Die Tür stand auf.“

„Das wusste ich.“

„Was?“

„Dass man dich nicht gefangennehmen kann."

„Man kann nur jemanden gefangennehmen, wenn dieser selbst in sich gefangen ist."

„Und deshalb kann man dich nicht gefangennehmen. Und man kann dich auch nicht töten."

„Woher willst du das wissen?"

„Ich weiß es einfach."

13

„Du machst das gut.“, sagte er.

„Was mache ich gut?“

„Wie du Babylon begegnest.“

„Babylon ist nicht Ninive.“

„Ich habe nicht gesagt, dass es einfach ist.“

„Stimmt.“

„Was machst du jetzt?“

„Wie konntest du das am Kreuz nur aushalten?“

„Weil ich es wollte.“

„Ich liebe dich.“

„Ich weiß.“

14

„Kommt ihr mit?“, fragte ich Petrus und Johannes.

„Schon wieder?“, fragte Petrus.

„Ich soll nach Babylon gehen, habe ich auch schon gemacht, ging in die Hose. Jetzt möchte ich da wieder hingehen. Mir wäre lieber, ihr kommt mit.“

„Du hast doch das kleine Mädchen dabei.“

„Sie ist kein kleines Mädchen, sie ist eine Waffe.“

„Eine Waffe?“

„Erinnerst du dich nicht, was er über Kinder gesagt hat?“

„Doch, ich erinnere mich. *Wenn ihr nicht werdet wie ein Kind, dann werdet ihr nicht ins Himmelreich kommen.*“

„Das bedeutet, ich habe mich, ihn sowieso und ein Waffe. Wenn ihr noch mitkommen würdet, ein Fischer und ein Prophet, das wäre doch was, oder?“

„Und ich dachte, ich bin in Rente.“

„In Rente bist du erst, wenn er wiedergekommen ist.“

„Du machst echt ein Fass auf, Georgias.“

„Ich bin unterwegs in seinem Namen. Und zwei Mitstreiter dazu, das wäre echt hilfreich.“

„Ich komme mit.“, sagte Johannes.

„Ein Prophet, sehr gut. Und du, Menschenfischer?“

„Na gut. Aber nur dann, wenn wir auf einem Schiff reisen.“

„In Babylon reisen eh alle auf Schiffen.“

„In der Stadt ist Wasser?“

„Nein, die Schiffe fliegen.“

„Erkläre mir das.“

„Es ist eine Metapher.“

„Das hätte ich als nächstes gesagt."

„Du weißt, was eine Metapher ist, Petrus?"

„Während deiner Zeit im Gefängnis hatte ich mir erlaubt, etwas in deiner Bibliothek zu stöbern, Schriftsteller."

„Du hast in meinen Büchern gelesen?"

„Nein, ich habe den Staub von den Büchern gewischt."

„Oh, danke. War auch mal wieder Zeit."

„Natürlich habe ich in deinen Büchern gelesen. Und jetzt weiß ich, was eine Metapher ist. Er hatte auch so geredet in seinen Gleichnissen."

„Mittels Metaphern oder Gleichnissen kann man Dinge gut erklären."

„Okay. Schiffe fliegen?"

„Hast du eine Idee?"

„Nein, nicht wirklich."

„Okay. Das Fliegen der Schiffe bedeutet im Grunde der Geist des jeweiligen Kapitäns. Der Geist ist nicht an Schwerkraft gebunden. Und mit einem fliegenden Schiff kann man überall hin reisen, so auch der Geist eines Menschen."

„Das klingt interessant."

„Vielen Dank. Inspiriert bin ich dazu vor vielen Jahren vom fliegenden Holländer."

„Okay."

„Du weißt, wer das ist?"

„Ich nehme an, du wirst es mir gleich sagen."

„Der fliegende Holländer ist eine Art Mythos. Mythen sind Dinge, die es gibt und gleichzeitig auch wieder nicht. Der fliegende Holländer ist verflucht durch eigene Schuld und muss auf den Meeren herumirren und darf nur alle sieben Jahre an Land kommen. Das Attribut *fliegend* hatte mich dazu inspiriert, ein fliegendes

Segelschiff zu zeichnen. Seitdem gibt es diese Metapher in meiner Kunst."

„Ach, du schreibst nicht nur, sondern zeichnest auch?"

„Ja, so ist es."

„Dann hat er dich mit vielerlei Gaben ausgestattet."

„Das hat er. Und ihr wisst gar nicht, welch großen Spaß es macht, kreativ zu sein."

„Du bist zu beneiden. Er hat dich sehr nach seinem Bild geschaffen. Ich wünschte, ich könnte auch so etwas."

„Du bekommst ein Netz."

„Um Menschen zu fischen?"

„Um sie zu retten."

15

Ich bezahlte das Schiff mit 30 Geldstücken, sie waren aus Silber. So war das Ergebnis der Verhandlungen mit dem Schiffsbauer. Und dann wurde mir klar, dass er es so arrangiert hatte. Denn ich war traurig wegen Judas, und er wollte mich auf diese Weise trösten. Das machte er immer so, er tröstete. Das bedeutete, er kümmerte sich um unsere Gefühle.

Ich nannte das Schiff *Feder*, denn das Leben war so leicht wie eine Feder. Denn er war das Leben.

Dann zogen wir los, und es gab auch ein Netz an Bord. Das war Petrus' Sache, und Johannes' Sache war das Kochen.

„Ich bin ein Prophet und ein Apostel. Ich habe die Offenbarung geschrieben, es ist unter meiner Würde, für euch zu kochen.“, sagte Johannes.

„Meinst du das ernst?“, fragte ich.

„Das war ein Scherz. Es gibt Reis und Gemüse.“, lächelte der Prophet.

„Ich liebe Gemüse.“, sagte ich.

„Ich habe eigentlich alles da. Zucchini, Tomaten, Gurken, Zwiebeln, Auberginen, Äpfel, Orangen.“

„Äpfel und Orangen sind kein Gemüse.“

„Nicht?“

„Du veräppelst mich?“

„Ja.“

Da lachte ich, und dann lachte auch Johannes. Das war Herz erfrischend. Aber erfrischend war nicht, dass man mich entdeckt hatte. Es kamen Uniformierte heran gelaufen, sie waren bewaffnet. Mit Gewehren und Maschinengewehren.

„Ich glaube, wir sollten die Segel hissen.“, sagte ich.

„Ja, wir bekommen Besuch. Und der sieht nicht wohlwollend aus.“

Also hissten wir in schneller Manier die Segel und machten die Leinen los. Der Wind in den Häuserschluchten von Babylon ließ *Feder* schnell hinweg driften, so dass wir alsbald außer Schussweite waren.

„Sie mögen dich nicht.“, sagte Petrus zu mir.

„Sie mögen ihn nicht.“, sagte ich.

„Es wird schwierig werden.“

„Es ist immer schwierig. Er selbst hatte es schwierig schon von Anfang an gehabt. Und am Ende hatten sie ihn mit einem Fußtritt hinausgekickt.“

„Willst du ihn rächen?“

„Nein. Ich werde mich auch mit einem Fußtritt hinauskicken lassen. Aber am Ende kicken sich die Treter selbst hinaus.“

16

Wir verließen mit *Feder* Babylon. Vor uns war ein tiefroter Sonnenuntergang, auf den wir zusteuerten. Und mir war klar, dass er ihn uns geschenkt hat. Als wolle er uns sagen, dass wir auf den ewigen Frieden zusteuern. Ich empfand dieses Geschenk als eine Verheißung. Wir flogen eine ganze Weile über der weiten Ebene, die sich schier grenzenlos an die riesige Stadt Babylon anschmiegte. Dann war das Licht weg, es war dunkel. Petrus wollte die Positionslichter unseres Segelschiffes entzünden.

„Nein, mache das nicht.“, sagte ich.

„Okay, Georgias, du bist der Kapitän dieses Schiffes. Aber sage mir, warum ich die Positionslichter nicht setzen soll.“

„Dann sieht er uns.“

„Wer?“

„Der Widersacher.“

Da sagte Petrus nichts mehr. Man sah nichts, es war stockdunkel. Aber ich spürte, hinaus in das Dunkle der Nacht. Da steuerte ich tiefer, denn ich hatte etwas bemerkt.

„Segel einholen.“, befahl ich.

Die beiden Apostel taten also. Und wir warfen den Anker.

„Was ist?“, fragte Petrus.

„Hörst du sie?“, fragte ich.

„Ja, jetzt höre ich sie.“

„Begrüßen wir sie.“

Dann kletterten der Fischer und ich an einer Strickleiter hinab zum Boden der Ebene. Den Propheten hatte ich gebeten, auf dem Schiff Wache zu halten. Ich entzündete eine Fackel.

„Jetzt doch Licht?“, fragte Petrus.

„Damit sie uns sehen.“

„Wer mag das sein?“

„Frage sie."

„Nein, ich frage dich."

„Warum?"

„Weil ich denke, dass du weißt, wer es ist."

„So viel traust du mir zu?"

„Du bist *Georgias,* du bist nicht irgendwer. Es hat seinen Sinn, warum ich dir begegnet bin."

„Okay, es ist das Volk Israel."

Da kamen sie auch schon heran.

„Wer seid ihr?", fragte ein Mann des Volkes Israel.

„Ich bin *Georgias.*", sagte ich, „Ein Mann der See außerhalb der Gewässer Babylons."

„Babylon? Viel zu lange waren wir im Exil."

„Und nun? Nun wandert ihr durch die Wüste?"

„Ja. Er will es so. Nur, es ist uns etwas abhanden gekommen."

„Und was?"

„Erst dachte ich, du seist es mit deiner Fackel."

„Was ist euch abhanden gekommen?"

„Die Schechina."

„Die Gegenwart Adonais?"

„Bist du ein Israelit?"

„Nein, aber ich kenne mich ein wenig aus."

„Kannst du uns helfen, Mann der See?"

„Das kann ich."

„Wo ist die Gegenwart Adonais?"

„Sie ist immer da."

„Nein, das ist sie nicht!"

„Ich verstehe, in der Nacht eine feurige Säule, der ihr folgt. Und am Tag eine Wolkensäule."

„Bist du sicher, dass du kein Israelit bist."

„Ich bin ein Jünger Jesu."

„Der Aufrührer?"

„Er war unbequem."

„Gut, dass Kaiphas ihn zum Tod verurteilt hat und gut, dass die Römer ihn gekreuzigt hatten."

„Sagen wir mal so, ich denke, er ist der Messias."

„Nein, der Messias wird noch kommen."

„Okay, dann wünsche ich euch einen guten weiteren Weg durch die Wüste ohne Feuersäule."

„Du klingst etwas spöttisch, Seemann."

„Na ja, Jungs, der Messias ist gekommen, und ihr habt ihn zum Tod verurteilt. Was soll ich dazu sagen?"

„Jesus von Nazareth ist nicht der Messias, er war ein Waschlappen! Er hat uns nicht von dem Joch der Römer befreit!"

„Okay, eure Erwartungen waren, dass er euch aus der Unterdrückung herausholt. Aber Erwartungen müssen sich nicht immer mit dem decken, was schließlich passiert."

„Der Messias soll groß und mächtig und stark sein."

„Und jetzt lauft ihr durch die Nacht."

„Ich mag deinen Spott nicht."

„Entschuldige bitte, ich bin ein Nachfahre der Germanen. Germanen lassen in der Regel nichts anbrennen."

„Germanen? Noch nie gehört."

„Damals hatte es noch kein Internet gegeben."

„Bitte, was?"

„Vergiss es. Okay, ihr könnt jetzt weiter durch die Wüste latschen ohne Schechina, oder ihr schaut euch mal das Leben des Jesus von Nazareth an.“

„Georgias, Nachfahre der Germanen, du bist eine harte Nuss.“

„Ich bin schon froh, dass du mich nicht getötet hast.“

„Ehrlich gesagt, hatte ich zwischendurch den Gedanken gehabt.“

„Was hatte dich davon abgehalten?“

„Sein Gebot *du sollst nicht töten*.“

„Da sind wir doch ein Stück weiter. Wie heißt du eigentlich?“

„Aaron.“

„Der Bruder von Mose?“

„Nein, ich bin ein anderer Aaron.“

„Okay, Aaron. Entscheide dich, Licht oder Dunkelheit.“

„Aber was soll jetzt an diesem Jesus von Nazareth dran sein?“

„Jesus predigte nicht von Gewalt, nicht von Macht. Er predigte nicht von einem irdischen Reich, sondern von einem Reich des Gewissens."

„Hä?"

„Römer aus dem Land mit Waffengewalt zu vertreiben, das soll es sein? Was sagte er? *Wer das Schwert in die Hand nimmt, wird durch das Schwert umkommen.*"

„Das sagte er?"

„Das sagte er. Lies die Bibel, da steht alles drin."

„Was ist die Bibel?"

„Das Buch der Bücher, das Buch der Erlösung, das Buch des Messias."

17

Aaron besprach das, was ich gesagt hatte, mit seinen Leuten. Es gab ein großes Gemurre, das kannte ich, die Israeliten murrten gerne einmal. Dann stand Aaron wieder vor mir mit einigen Weiteren seines Volkes.

„Okay, unnachgiebiger Georgias. Die, die du hier siehst, und ich kommen mit dir mit.“, sagte Aaron.

„Was ist mit den anderen?“

„Die wollen weiterziehen.“

„Ohne Schechina? Klingt wie ein Warten auf Godot.“

„Bitte, was?“

„Vergiss es, ist was Neuzeitliches.“

„Wer ist eigentlich dein Begleiter?“

„Er ist ein Fischer. Er ist ihm begegnet.“

„Oh, dann kann er mir erzählen.“

„Darauf kannst du wetten, Aaron.“

Es waren 300 Israeliten, die wir aufnahmen. Ich befürchtete, dass *Feder* sie nicht alle fassen konnte. Aber, wie so oft, trat das Befürchtete nicht ein. Ich suchte Johannes auf.

„Hallo, Prophet.“, sagte ich.

„Hallo, Georgias. Das meinst du doch nicht im Ernst?“

„Was?“

„Frage nicht so unbedarft.“

„Ach, die 300 Gäste?“

„Ja!“

„Wo ist das Problem?“

„Ich befürchte, ich habe nicht genug Gemüse und Reis.“

„Dann nimm Kartoffeln.“

„Was soll das denn sein?“

„Ach ja, war nach deiner Zeit.“

„Was war nach meiner Zeit?“

„Eine ganze Menge."

18

Ich wechselte den Kurs, wir steuerten genau auf Babylon zu. Das war aber nicht wirklich schlimm, denn ich hatte 300 Israeliten an Bord. Außerdem sollte ich sowieso nach Babylon.

„Du machst das gut.“, sagte er, als ich am Steuer von *Feder* stand.

„Oh, das bist da ja wieder.“

„Störe ich?“

„Nein, auf keinen Fall. Es ist immer schön, wenn wir miteinander sprechen.“

„So wie damals auf dem Feld?“

„Das weißt du noch?“

„Ich vergesse niemals etwas Wichtiges.“

„Ich habe jetzt 300 Israeliten, dessen Nachfahren dich zum Tod verurteilt hatten, an Bord.“

„Dann weißt du, was als nächstes ansteht.“

„Ja, das weiß ich."

„Bist du bereit dafür?"

„Klaro."

19

Am Horizont sah ich die große Stadt. Babylon ist keine Stadt, Babylon ist eine Gesinnung. Die Einstellung dieses Konglomerat von Milliarden von Menschen ist: wir sind die Größten. Ich sah die Hochhäuser der großen Stadt und dachte, das ich jetzt die Israeliten bräuchte, und zwar alle. Denn ich dachte an Jericho und die Posaunen. Also wandte ich mein Schiff wieder um und suchte den Rest der Israeliten.

„Wo mögen sie nur sein?", fragte ich ihn.

„Folge deiner Nase."

„Was?"

„Du weißt, wie ich das meine."

„Okay."

Also folgte ich meinem Spüren und bald sah ich sie. Ich näherte mich der Spitze des Zugs, ließ die Segel einholen, steuerte dass Schiff tiefer und warf selbst den Anker.

Dann kletterte ich wieder die Strickleiter hinunter.

„Du schon wieder?“, sagte der neue Anführer des israelitischen Zugs.

„Und? Habt die Schechina schon gefunden?“, fragte ich.

„Was willst du jetzt schon wieder, Nachfahre der Germanen?“

„Wie heißt du?“

„David.“

„Du bist König David?“

„Nein, es gibt mehrere bei uns, die so heißen.“

„Okay, David. Hast du Lust auf Jericho die zweite?“

„Du willst Jericho noch mal erobern?“

„Nein, sondern Babylon.“

„Kenne ich nicht.“

„Ach ja, stimmt. Das war nach eurer Zeit. Okay, aber ich denke, es wird funktionieren. Ich brauche die Lade, sieben Priester, sieben Posaunen, eure Kämpfer und das Volk."

„Mehr nicht?"

„Und? Lust, eine Stadt kaputt zu machen?"

„Was für eine Stadt soll das sein?"

„Es ist eine Stadt, die meint, sie ist die größte. Sie hat keine Demut."

„Wer sagt, dass du das machen sollst."

„Er."

„Du hast keinen Zweifel?"

„Nein."

„Und jetzt?"

„Die Krieger zuerst, dann die Priester mit den Posaunen, dann die Lade, dann das Volk. Und damit ihr wisst, wohin es geht, segele ich mit meinem Schiff voraus."

„Wir haben anscheinend keine Wahl?"

„Wollt ihr noch weiter ohne Schechina in der Wüste umherirren?“

„Du bist eine harte Nuss, Nachfahre der Germanen.“

„Wieso muss ich mir ständig anhören, dass ich eine harte Nuss bin?“

„Na ja, er wird schon wissen, warum er dich ausgewählt hat.“

Dann ging es los. Voran Feder, dann die Israeliten in besagter Reihenfolge. Wir machten es so, wie es das Volk Israel damals gemacht hatte. Genau nach Plan, der steht in der Bibel. Ich hatte eine dabei. Wir erreichten Babylon und unser Zug umrundete die große Stadt an sechs Tagen jeweils einmal. Die Priester bliesen die Posaunen. Am siebten Tag umrundete unser Zug Babylon sieben Mal, und beim siebten Mal sollten sie alle ein Kriegsgeschrei machen. Das machten sie. Da stürzten die Hochhäuser alle ein, als wären sie Kartenhäuser.

„Und jetzt?“, fragte David.

„Jetzt geht ihr in Babylon rein und erzählt ihnen von Adonai und dem Messias, der Jesus Christus ist.“, sagte ich.

„Das sollen wir machen?“

„Macht es oder lasst es, aber jetzt ist die Chance. Die Mauern um die Herzen der Menschen sind weg, jetzt sind sie zugänglich.“

20

Dann war ich wieder vor meinem PC. Ich schrieb weiter an dem Roman für ihn. Dann merkte ich, dass ich immer noch vor meinem PC saß.

„Heute kein Transfer in eine biblische Geschichte?“, fragte ich ihn.

„Schreibe das Kapitel noch zu Ende, dann gehe spazieren.“

„Okay.“

„Wieso hörst du so gut auf mich?“

„Weil ich dich liebe, und weil du alles bist. Wenn ich mir das Universum anschaue, es ist so riesig, nein, so gigantisch. Und das hast du alles gemacht, und das alles hast du im Griff. Das hat was.“

„Du bist beeindruckt von mir?“

„Ja. Und dann schickst du noch deinen Sohn, dass wir nicht im Tod bleiben. Ich bin erfüllt davon, ich finde das grandios.“

„Das fasse ich als Kompliment auf.“

„Ist auch so gemeint."

„Und weil du so treu bist, verspreche ich dir, dass du den Tod nicht schmecken wirst."

„Jetzt echt?"

„Ich habe es gesagt."

„Oh."

21

Ich ging auf einem Feldweg spazieren. Es wehte eine sanft Brise. Der Wind raschelte in den Blättern der Pappeln, die den Weg säumten.

„Hörst du ihn?“, fragte mich jemand.

Komischerweise war ich nicht erschrocken. Ich wandte mich um und sah einen Mann im langen und einfachen Gewand. Ich wusste, wer er war. Ich ging weiter, der Mann begleitete mich.

„Wie ist das so, in einem Feuerwagen in den Himmel zu fahren?“, fragte ich den Mann.

„Gigantisch, Georgias, gigantisch.“

„Kommst du mit? Ich lade dich zum Abendbrot ein.“

„Ich hatte gehofft, dass du das sagst. Ich habe nämlich Hunger.“

Ich machte Abendbrot. Ich hatte Körnerbrot, Käse, vegetarischen Aufstrich, Tomaten, Zwiebeln, und ich briet zwei vegetarische Schnitzel mit Käsefüllung. Noch ein wenig Reis und Tomatensauce. Dazu gab es Tee, Pfefferminztee.

„Schmeckt gut, was du da zubereitet hast.“, sagte Elia.

„Vielen Dank. Warum bist du da?“

„Es hat keinen Grund. Einfach nur du und ich. Denn er hatte mir gesagt, ich sei dein Lieblingsprophet.“

„Ja, das stimmt. Herzlich willkommen, Elia.“

„Das sagtest du schon an deiner Wohnungstür.“

„Ich freue mich so sehr.“, lächelte ich.

Und Elia lächelte zurück. Nach dem Abendessen zeigte ich dem Propheten meine von mir geschriebenen Bücher und meine Musik. Ich erzählte aus meinem Leben, und wir spielten Karten, Bauernskat. Als es spät war, stellte ich ihm mein Bett zur Verfügung.Ich schlief auf der Couch. Am nächsten Morgen war er nicht mehr da. Natürlich, denn er war einer der Heiligen Adonais. Und ich fühlte mich so gut.

22

Da lagen sie, ein Haufen Scherben.

„Du hast die Tafeln mit den zehn Geboten kaputt gemacht.“, sagte ich.

„Wer bist du? Ich kenne dich nicht.“, sagte Mose.

„Mein Name ist nicht wichtig, aber du bist wichtig, Mose. Und die zehn Gebote sind wichtig.“

„Was willst du damit sagen, Unbekannter?“

„Du bist unbeherrscht.“

„Ich bin sauer! Mein Volk hat sich ein goldenes Kalb erbaut und betet es an!“

„Es ist einerlei, was dein Volk macht...“

„Wie kannst du es wagen?!“

„Was? Willst du mich töten?“

„Ich hätte Lust dazu!“

„Jemand sagte mal, man kann mich nicht töten.“

„Wer sind deine beiden Begleiter?“

Ich schaute mich um. Ich dachte, Mose meinte vielleicht Petrus und Johannes. Aber da war niemand, ich war allein.

„Ich bin allein.“

„Oh, ich bitte um Vergebung. Ich wusste nicht, dass Engel bei dir sind.“, sagte Mose in sehr gemildertem Ton.

„Wir müssen an deiner Aggression arbeiten.“

„Ich bin nicht aggressiv!“

„Und der Fels in der Wüste, mit dem du nur reden solltest, und du schlugst ihn?“

„Woher weißt du das? Bist ein Prophet?“

„Ich bin Schriftsteller.“

23

Ich saß wieder vor meinem PC.

„Und?", fragte er.

„Dieses ganze Brimborium am Berg Sinai."

„Was meinst du?"

„Dieses ganze Prozedere, ich weiß es im Detail nicht. Es durften nur paar Leute und 70 Älteste sich nähern und Mose dann schließlich alleine auf den Sinai steigen. Und dann das Feuer und die Posaune."

„Was gefällt dir daran nicht?"

„Na ja, heute heißt es, man kann sich dir nähern einfach so. So, wie ich es tue."

„Du magst keine Show?"

„Du kennst mich."

„Es hatte Gründe, warum ich das damals gemacht hatte."

„Damit die Israeliten erfahren, mit wem sie es zu tun haben."

„Genau. Ich sehe, du weißt Bescheid."

„Na ja, ich mache mir so meine Gedanken."

„Deswegen habe ich dich auserwählt."

„Erstens, danke. Zweitens, ich weiß das mehr als zu schätzen. Drittens, es ist mir eine Ehre."

„Willst du weitermachen."

„Aber natürlich."

„Es macht dir Spaß, dass ich dich in der Weltgeschichte herumschicke?"

„Wieso fragst du? Du weißt das doch."

„Dein Geschichtsstudium hattest du aber nicht zu Ende geführt."

„Ich bin ja auch kein Historiker. Ich bin Schriftsteller, aber ich bin an Geschichte interessiert."

„Wie dein Vater."

„Ja, das habe ich wohl von ihm."

„Und?"

„Ich mag es, wie du mich durch die Geschichte schickst."

„Das meine ich nicht."

„Ich habe meinem Vater verziehen. Das weißt du aber."

„Ich wollte es nur noch aus deinem Munde hören."

„Werde ich ihn wiedersehen?"

„Was denkst du?"

„Ich sollte die Klappe halten. Du hattest es mir schon versprochen."

„Alles richtig, nur über die *Klappe* sollten wir noch reden."

„Ja, ich weiß. Ich habe keine Klappe, ich habe einen Mund."

„Das ist das andere."

„Was ist das andere?"

„Du lernst schnell."

„Vielen Dank."

„Jetzt hast du einen Wunsch frei."

„Okay."

„Und?"

„Äh, ich möchte gerne zu Jesaja, als er in dem Tempel ist."

„Warum?"

„Weil ich gerne sagen möchte: *hier bin ich, sende mich*."

Dann war der Roman fertig. Und er sandte mich.

Epilog

„Es ist nur ein Kurzroman.“, sagte ich.

„In der Kürze liegt die Würze.“

„Du bist lustig.“

„Warum nicht?“

Und da lachten wir zusammen, eine ganze Ewigkeit.

Finis Operis

ISBN 978-3-7418-6180-2
9 783741 861802 00001
www.epubli.com